Gäste-Buch

Zum Geburtstag von:

....

Copyright © Stylesyndikat
Alle Rechte vorbehalten.

Gäste

Name   Message

Gäste

Name	Message

Gäste

Name	Message

Gäste

Name | Message

Gäste

Name | Message

Gäste

Name	Message

Gäste

Name | Message

Gäste

Name | Message

Gäste

Name   Message

Gäste

Name	Message

Gäste

Name | Message

Gäste

Name — Message

Gäste

Name   Message

Gäste

Name | Message

Gäste

Name

Message

Gäste

Name	Message

Gäste

Name | Message

Gäste

Name | Message

Gäste

Name | Message

Gäste

Name | Message

Gäste

Name

Message

Gäste

Name · Message

Gäste

Name	Message

Gäste

Name — Message

Gäste

Name | Message

Gäste

Name	Message

Gäste

Name	Message

Gäste

Name   Message

Gäste

Name	Message

Gäste

Name

Message

Gäste

Name	Message

Gäste

Name | Message

Gäste

Name · Message

Gäste

Name | Message

Gäste

Name	Message

Gäste

Name | Message

Gäste

Name	Message

Gäste

Name | Message

Gäste

Name | Message

Gäste

Name   Message

Gäste

Name | Message

Gäste

Name | Message

Gäste

Name	Message

Gäste

Name	Message

Gäste

Name | Message

Gäste

Name   Message

Gäste

Name   Message

Gäste

Name | Message

Gäste

Name	Message

Gäste

Name | Message

Gäste

Name	Message

Gäste

Name — Message

Gäste

Name | Message

Gäste

Name | Message

Gäste

Name	Message

Gäste

Name

Message

Gäste

Name · Message

Gäste

Name	Message

Gäste

Name · Message

Gäste

Name	Message

Gäste

Name	Message

Gäste

Name | Message

Gäste

Name | Message

Gäste

Name

Message

Gäste

Name | Message

Gäste

Name | Message

Gäste

Name | Message

Gäste

Name | Message

Gäste

Name	Message

Gäste

Name	Message

Gäste

Name | Message

Gäste

Name | Message

Gäste

Name | Message

Gäste

Name | Message

Gäste

Name	Message

Gäste

Name | Message

Gäste

Name	Message

Gäste

Name	Message

Gäste

Name | Message

Gäste

Name Message

Gäste

Name | Message

Gäste

Name | Message

Gäste

Name | Message

Gäste

Name   Message

Gäste

Name | Message

Gäste

Name | Message

Gäste

Name | Message

Gäste

Name	Message

Gäste

Name	Message

Gäste

Name | Message

Gäste

Name | Message

Gäste

Name	Message

Gäste

Name | Message

Gäste

Name	Message

Gäste

Name	Message

Gäste

Name | Message

Gäste

Name | Message

Gäste

Name	Message

Gäste

Name	Message

Gäste

Name	Message

Gäste

Name	Message

Gäste

Name	Message

Gäste

Name | Message

Gäste

Name	Message

Gäste

Name | Message

Gäste

Name	Message

Gäste

Name | Message

Gäste

Name | Message

Gäste

Name Message

Gäste

Name

Message

Printed in Poland
by Amazon Fulfillment
Poland Sp. z o.o., Wrocław